Hanna Johansen • Alphabet der Träume

Hanna Johansen
Alphabet der Träume

Gedichte für Kinder

**Herausgegeben von
Uwe-Michael Gutzschhahn**

**Mit Bildern von
Rotraut Susanne Berner**

dtv

1. Auflage 2022
© 2022 dtv Verlagsgesellschaft mbH & Co. KG, München
Umschlag: Rotraut Susanne Berner
Gesetzt aus der Syntax pro roman
Satz: Fotosatz Amann, Memmingen
Druck und Bindung: Print Consult GmbH
Printed in Slovakia · ISBN 978-3-423-64097-8

Vorspiel

Düster ist es

Ach, düster ist es sehr im Dunkeln,
auch wenn am Fenster Sterne funkeln.

Und du hast manchmal Angst im Düstern?
Weil dann die bösen Geister flüstern?

Der kleinste Geist macht »Hu!«. Dann grinst er:
»Komm mit, es ist grad so schön finster!«

Die andern geistern vor dem Fenster.
Dann lachst du: »Ihr seid bloß Gespenster!«

Alphabet der Träume

Alpträume

Alpträume kannst du überall,
sogar im Flachland träumen.
Da fliegst du dann im freien Fall
von riesenhohen Bäumen.
Es gibt so viele schlimme Sachen,
die man alpträumen kann.
Lebendig wieder aufzuwachen,
das ist das Schönste dran.

Ein **B**rillenbär

Ein Brillenbär kommt nachts herein,
sieht aber nicht so aus.
Trotzdem, er ist nicht grade klein.
»Was willst du, Riesenmaus?«

Er stolpert, bricht sich fast ein Bein
in unserm dunklen Haus.
»Du«, brummt er dann, »du bist gemein.
Rück meine Brille raus!«

Cebra

Das Zebra schüttelt sich im Bett
und dreht sich auf die andre Seite:
Ich komm noch lang nicht, liebe Leute,
denn mich schreibt man mit Zett.

Du

Im Spiegel kennst du dich nicht wieder,
du bist ein Monster ganz und gar,
die Ohren flattern auf und nieder,
aus Stacheldraht ist jetzt dein Haar.
»Was muss ich tun, um wieder ich zu sein?«
»Da gibt's nur eins. Schlaf einfach noch mal ein.«

Mein Eisbär

Auf meinem Teppich liegt ein Bär
mit einem weißen Fell,
sieht aus, als ob's ein echter wär,
gleich vor dem Bettgestell.

Vier Füße hat er ausgestreckt,
ein Maul mit weißen Zähnen,
die er am Abend grässlich bleckt,
als wollte er gleich gähnen.

Die Geister aber fürchten sich,
auch Tiger, Wolf und Drachen,
die Hexe und der schwarze Wicht,
die können gar nichts machen.

Er ist mein Freund, das sieht man gleich,
ich streichle ihm die Krallen,
ich klopfe ihm den Pelz so weich,
denn das soll ihm gefallen.

Ich schüttle ihm den Vorderfuß
und sage Gute Nacht,
weil er mich dann bewachen muss
bis morgen früh um acht.

Doch eines Nachts erhebt er sich,
steigt auf mein Bett und dann –
laut knurr-knurr-knurrend schaut er mich
mit schwarzen Augen an.

Sein Maul, das ist entsetzlich groß,
die Pfote gibt mir einen Stoß.
Was soll das? Was ist mit ihm los?
Er war mein Freund. Was mach ich bloß?

Er stößt mein Bein, er stößt mein Knie,
er brummt mir ins Gesicht.
Brummbrumm? Und ich verstehe die
Eisbärensprache nicht.

Sein Rachen kommt jetzt wie der Blitz,
als wollte er mich packen,
und seine Zähne scharf und spitz
drückt er mir in den Nacken.

Er beißt mich nicht, er hebt mich bloß
ganz sanft aus meinem Bett, ich
häng schlapp wie ein Kartoffelkloß.
Er legt mich auf den Teppich.

Dann breitet er mich aus, und gleich
streichelt er mir die Krallen.
Er klopft mir meinen Pelz so weich,
und das soll mir gefallen.

Er schüttelt mir den Vorderfuß
und sagt mir Gute Nacht,
weil ich ihn dann bewachen muss
bis morgen früh um acht.

Faultiere

Du möchtest gern vom Faultier träumen?
Das ist ganz leicht zu machen.
Faultiere hängen in den Bäumen
und finden dich zum Lachen.

Gespenster

Ich sitz, in tiefem Schlafe liegend,
im Traum an meinem Fenster.
Und mich in diesem Traume wiegend,
was sehe ich? Gespenster.

Sie winken still. Sie klopfen leise.
Gespenster wollen immer
dasselbe: nach der langen Reise
in ein warmes Zimmer.

»Ihr seid doch gestern da gewesen,
wir sangen hundert Lieder.
Ich hab euch auch was vorgelesen.
Was wollt ihr denn schon wieder?«

»Ich habe Hunger«, sagt das eine.
»Ich Durst«, sagt Nummer zwei.
»Ich kann nicht schlafen so alleine«,
lügt langsam Nummer drei.

»Ich muss mir noch die Zähne putzen«,
rufen die andren zehn.
»Und deine Zahnpasta benutzen.
Dann können wir gleich gehn.«

»Gespenster haben keine Zähne!
Husch, husch und ab durchs Fenster!«
»Ich muss mal!«, flüstert, als ich gähne,
das letzte der Gespenster.

Hasenträume

Es waren einmal zwei Hasen,
die gingen so gerne zu Fuß,
auf Fels, auf Beton und auf Rasen,
weil man irgendwo langgehen muss.

Es waren einmal zwei Hasen,
die zimmerten sich ein Haus.
Keine Ahnung von Tuten und Blasen,
aber das machte ihnen nichts aus.

Es waren einmal zwei Hasen,
die hingen am Telefon.
Der eine erfand neue Phrasen,
und der andere kannte sie schon.

Es waren einmal zwei Hasen,
die hatten eine Wut
auf Onkel, Vettern und Basen.
Das tat den Hasen gut.

Es waren einmal zwei Hasen,
die spielten so gerne krank,
aber wenn sie vom Fieber genasen,
seufzten sie: Gott sei Dank.

Es waren einmal zwei Hasen,
die wurden nie richtig satt,
weil sie zu viel in Kochbüchern lasen,
immer das erste Blatt.

Es waren einmal zwei Hasen,
die hatten einen Streit.
Sie zertrümmerten Teller und Vasen
um jede Kleinigkeit.

Es waren einmal zwei Hasen,
die liefen barfuß im Schnee.
Sie hassten Palmen, Oasen,
froren lieber am Zeh.

Es waren einmal zwei Hasen,
der eine lag gern auf dem Bauch.
Das brachte den andern zum Rasen,
und dann raste der eine auch.

Es waren einmal zwei Hasen,
die hatten einander so lieb.
Sie knabberten sich an den Nasen,
bis keiner mehr übrig blieb.

Iguanodon

Acht Meter lang und auf zwei Beinen,
dreht es sich nachts zu mir herum
und droht: »Du fängst jetzt an zu weinen!
Und zwar sofort!« Ich sag: »Warum?«
»Ach!«, jammert es, »Wer kennt mich schon,
ich bin das Iguanodon.«

Jaguar

Der Jaguar hat Nein gesagt.
»Von mir wird nicht geträumt.
Ihr kennt mich nicht«, hat er geklagt
und dann vor Wut geschäumt.

»Ihr haltet mich für lieb und nett,
als ob ich keinen Hunger hätt.
Wer träumt, will nicht gefressen werden.
Doch wo sind die Aguti-Herden?

Ich werde schleichen, klettern, lauern,
bis du vorbeikommst, kann es dauern.
Und dann, mein Kind, das sag ich dir,
ich bin ein wildes, wildes Tier.«

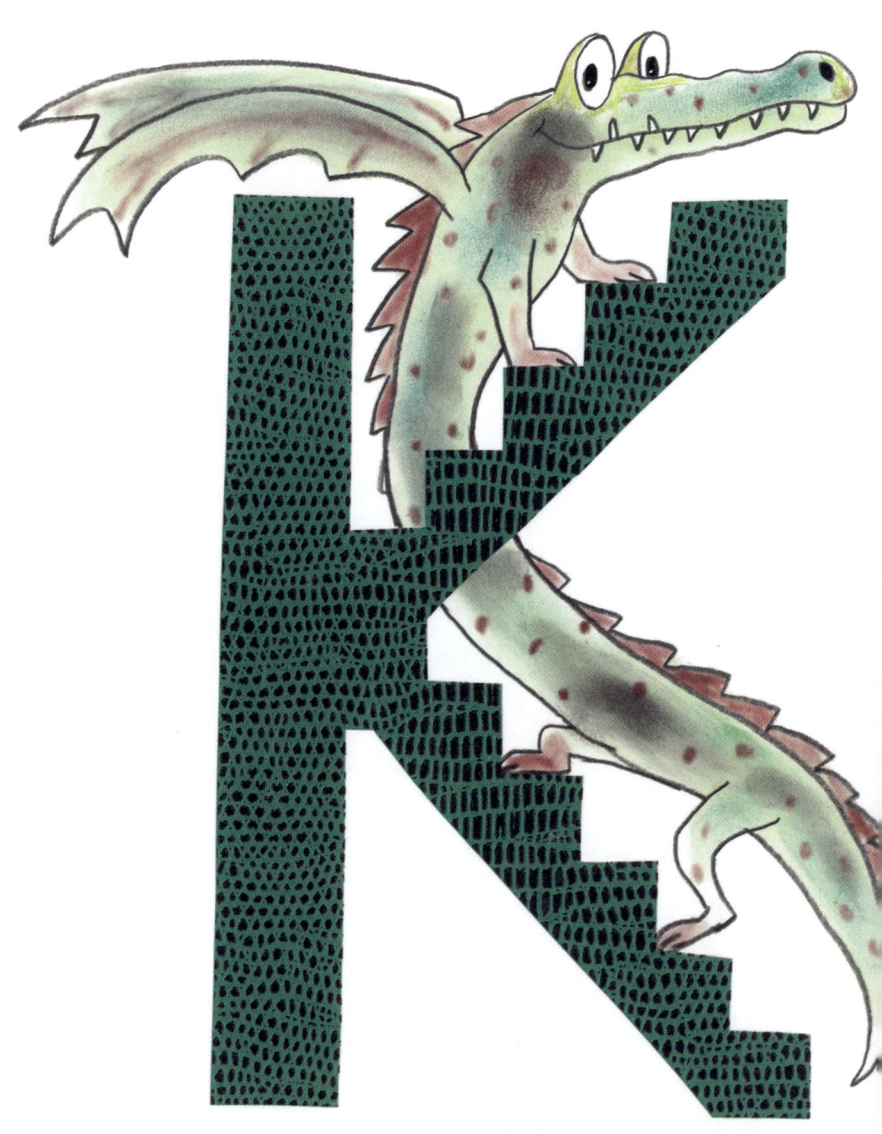

Ein **K**rokodil

Ich träum, es kommt ein Krokodil
mit einem großen Maul.
Am Tage liegt's auf einem Stein,
am Tage ist es faul.

Und dann am Abend wird es wach
und macht sich auf die Socken.
Es kriecht zu unserm Haus aufs Dach,
da seh ich es schon hocken.

Und wenn es erst ganz dunkel ist,
dann schleicht es sich heran.
Es will zu mir herein und frisst
mich dann.

Es hinkt durchs Haus, das hör ich doch,
es steigt die Treppe rauf.
Dann kommt's herein durchs Schlüsselloch
und reißt sein Maul schon auf.

Es hat 'ne Menge Zähne in
dem großen roten Rachen.
Und weil es auch noch Flügel hat,
glaub ich, es ist ein Drachen.

»Was willst du hier«, schrei ich ganz laut,
»ich glaub, du willst mich fressen.«
»Nein«, sagt das Krokodil und schaut,
»ich hab nur was vergessen.«

Vom **L**öwen, der mich nicht fressen wollte

Im Traum sind Löwen meist allein.
Sie schauen in mein Zelt herein.
Sie schnurren, gähnen, schlafen ein.

»Wach auf, wenn du ein Löwe bist!
Ich will jetzt wissen, wie es ist,
wenn mich ein echter Löwe frisst!«

Zupf ich ihn an der Mähne,
bleckt er die weißen Zähne.
»Sei still«, knurrt er, »ich gähne.«

Der Mäusetraum

Der Mäusetraum ist ein ganz schlimmer.
Sie kommen Stück für Stück ins Zimmer,
erst eine, zwei, dann vier, dann acht,
bis es zweisechsundfünfzig macht.
Wenn's tausendvierundzwanzig sind,
dann ist die Bude voll, mein Kind.

Nessie

In unserm See schläft in der Tiefe
ein riesengroßes wüstes Tier.
Es käme nicht, wenn man es riefe.
Und es ist alt, das sag ich dir.

Seit mehr als hundert Millionen
von Jahren oder noch viel länger
soll es in unserm See schon wohnen,
ein maritimer Wiedergänger.

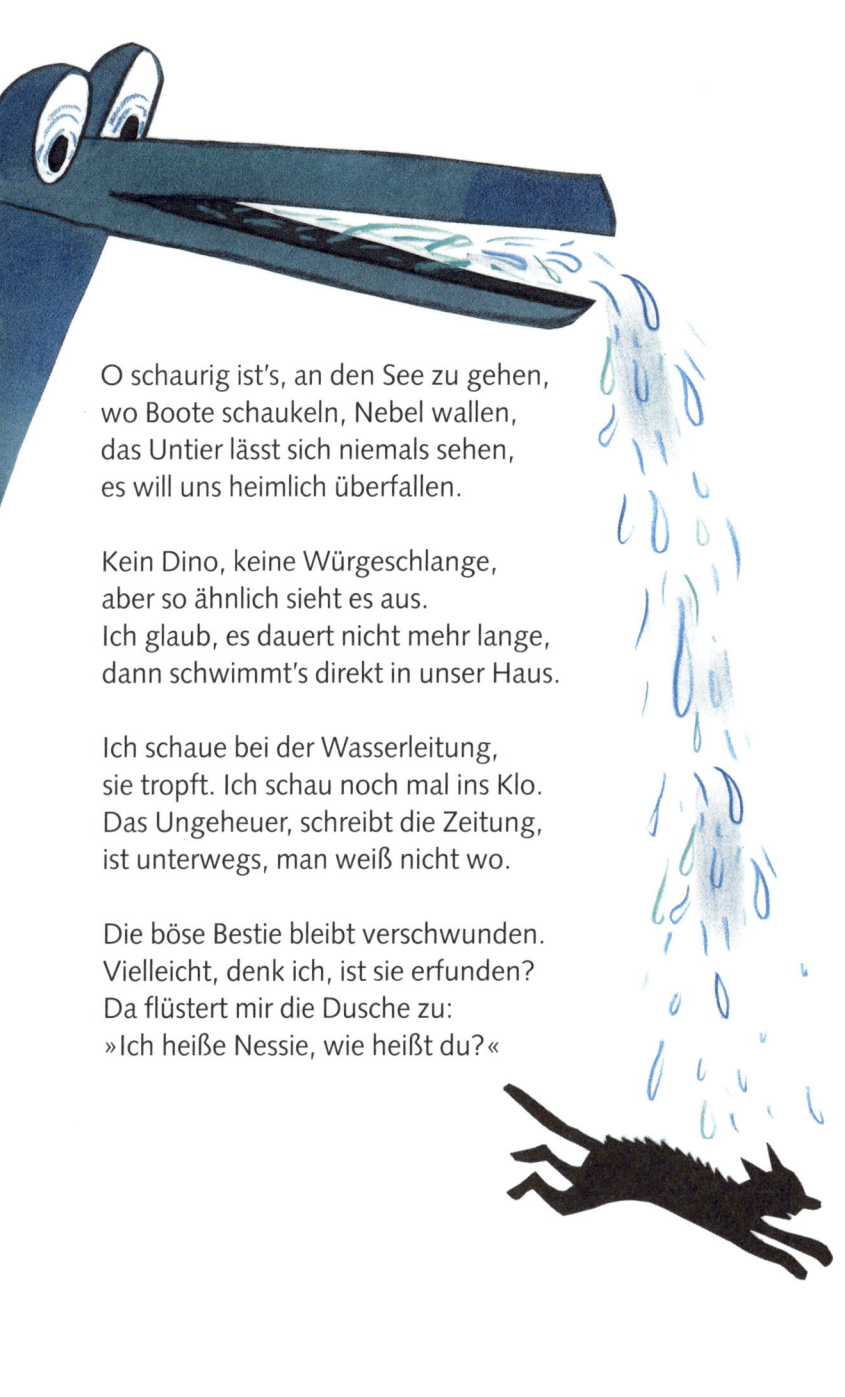

O schaurig ist's, an den See zu gehen,
wo Boote schaukeln, Nebel wallen,
das Untier lässt sich niemals sehen,
es will uns heimlich überfallen.

Kein Dino, keine Würgeschlange,
aber so ähnlich sieht es aus.
Ich glaub, es dauert nicht mehr lange,
dann schwimmt's direkt in unser Haus.

Ich schaue bei der Wasserleitung,
sie tropft. Ich schau noch mal ins Klo.
Das Ungeheuer, schreibt die Zeitung,
ist unterwegs, man weiß nicht wo.

Die böse Bestie bleibt verschwunden.
Vielleicht, denk ich, ist sie erfunden?
Da flüstert mir die Dusche zu:
»Ich heiße Nessie, wie heißt du?«

Oktopus

Tief in des Meeres schwarzer Nacht
hat Vater Oktopus, der Riese,
sich etwas Neues ausgedacht:
die Fortbewegung mittels Düse.
Der hatte ziemlich Tempo drauf.
Das war vor Millionen Jahren,
und wer's nicht glaubt, den frisst er auf
mit Rucksack, Haut und Haaren.

Er wohnt jetzt im Aquarium
und wühlt im nassen Sand herum.

Schaust du ihn an, schaut er zurück
mit seinem ungeheuren Blick.
Er klettert raus, sobald er will,
und frisst statt Muschel, Krebs und Krill
mal einen richtig fetten Fisch.
Acht Arme, das ist mörderisch.
Da bist du weg in fünf Sekunden,
und er ist satt für viele Stunden.

Der Pottwal

So furchtbar dunkel war es um mein Bett,
dass ich das Licht gern angeschaltet hätt,
nur konnte ich den Schalter nirgends finden.
Er war nicht da, nicht vorne und nicht hinten.

Auch sonst war nichts, wie es gewesen war.
Mein Bär weg und die Bürste für mein Haar.
Kein Stuhl vorm Bett, kein Kissen, keine Lehne.
Nur unten gab es riesengroße Zähne.

Da lieg ich nun und weiß nicht, wo ich bin.
So warm und weich und eng und ohne Sinn.
Von ferne hör ich, wenn ich mich nicht täusche,
ganz sonderbare Klick-Geräusche.

Wo Zähne sind, ist auch ein Maul. Doch wem
gehört das ungeheure Maul, in dem
ich liege? Und warum? Ich hab's vergessen.
Nur eines ist ganz klar: Ich bin gefressen.

»Ich muss hier raus«, schrei ich, so laut ich kann.
»Noch nicht«, sagt eine tiefe Stimme dann.
»Hab keine Angst, du wärest fast ertrunken
und ohne mich im Ozean versunken.

Jetzt sind wir noch im tiefen Meer der Nacht,
du kannst an Land gehn, wenn die Sonne lacht.«

Quaaak, quaaak!

»Quaaak, quaaak!«, quaaakt's unterm Bett hervor.
Ein Frosch, denk ich und bin ganz Ohr.
Von Fröschen weiß ich, wie sie sich
ganz leicht verwandeln lassen,
in schöne Prinzen, glaube ich.
Ich will ihn grade fassen,
da schimpft er, als durchschaut' er mich:
»Das könnte dir so passen –
jetzt wird das Zimmer aufgeräumt
und nicht vom Königssohn geträumt!«

Mein Rabe

Nachts kommen böse Räuber in mein Zimmer,
seit letzter Woche wird es immer schlimmer.
Sie haben lange Messer und Pistolen
und wollen mich in ihre Höhle holen.

»Du hast doch Pfeil und Bogen!« Kann das nützen,
wenn ihre Augen auf der Treppe blitzen?

»Die Tür abschließen!« Nein. Ich hab entdeckt,
wie einer sich schon unterm Bett versteckt.

»Ich seh nichts unter deinem Bett, mein Bester.«
Das ist mal wieder typisch große Schwester.
Sie hat noch gar nicht richtig nachgesehen,
sonst würde ihr das Lachen schon vergehen.

Wer kann mir helfen? Tiger schläft schon lange.
Und diese Räuber sind vor gar nichts bange.

»Stimmt nicht!«, krächzt jetzt mein Rabe auf
                             dem Schrank.
»Hab keine Angst! Ich helf dir.« Gott sei Dank.

»Ich bin zwar klein und sage dir ganz ehrlich,
die Räuber hier sind groß und sehr gefährlich.
Doch du bist sicher, glaub nur deinem Raben,
weil Räuber nämlich Angst vor Raben haben.«

Stubenfliege

Sie summt so rum, die Stubenfliege.
Das nervt, ich hol die Fliegenklatsche.
»Du, warte nur, bis ich dich kriege.«
»Mich kriegen?«, grinst sie. »Nie und nimmer.«
Sie wächst und ist bald wie mein Zimmer
so riesengroß, die Stubenfliege.
Sie grinst: »Wer sitzt hier in der Patsche?
Du, warte nur, bis ich dich kriege.«

Tapire

Leider kann man von Tapiren
nicht träumen wie von andern Tieren.
Sie sind nicht süß, sie sind nicht böse
und fressen, sagt ein Schild, Gemöse.

Die Unke

Die Unke unkt: »Ich reim mich nicht.
Und das ist schlimm für ein Gedicht.
Und schlimmer für die ganze Welt,
die reimlos auseinanderfällt.

Verzaubert bin ich von der bösen
dreizehnten Fee. Und mich erlösen
kann niemand außer dir, mein Kind.
Wach endlich auf, geschwind, geschwind!

Die Welt geht unter, jetzt und hier,
die ganze Welt, das sag ich dir!«
Die Unke unkt: »Mit Mann und Maus
verschwindet auch dein schönes Haus!«

Was soll ich tun? Das muss ich wissen.
»Den Reim wirst du mir finden müssen,
den es nicht gibt. Drum Ach und Graus,
die Welt geht unter, jedes Haus

und all die schönen Sachen hier,
die ganze Welt, das sag ich dir!«
Die Unke unkt und unkt und unkt.
Kein Reim? Jetzt mach mal einen Punkt!

Das **V**ierhornschaf

Das Vierhornschaf kannst du vergessen,
das wühlt im Gras, als wär es blind.
Du denkst vielleicht, es wär am Fressen?
Es sucht und sucht und sucht, mein Kind.
Sechs Hörner hat es einst besessen
und weiß nicht, wo die andern sind.

Ein **W**olf

In unsrer Stube in der Nacht,
das sage ich ganz ehrlich,
ist es, auch wenn man Licht anmacht,
gefährlich.

Die Uhr schlägt zwölf,
der Mond erbleicht,
und durch die offne Türe schleicht
herein ein Wolf.

Ich krieche unters Sofa, doch
er hat mich schon gesehn,
wenn ich nicht renne noch und noch,
ist es um mich geschehn.

Ich laufe um den Tisch im Kreis,
durchs Fenster scheint der Mond ganz weiß.

Der schwarze Wolf rennt auch, weil er
mich fressen möchte, hinterher.

Die Augen glühen rot, so rot,
und bleib ich stehn, so bin ich tot.

Und wenn ich nicht mehr rennen kann,
dreh ich mich rum.
Dann setzt der Wolf zum Sprunge an
und bringt mich um.

Er frisst mich auf mit Haut und Haar
und meine Katze auch.
Die schlimmsten Träume werden wahr,
ich bin in seinem Bauch.

In seinem großen Bauch ist Licht,
ganz wie bei uns zu Haus,
es sieht in seiner Stube nicht
viel anders als in unsrer aus.

Es ist ein Tisch in seinem Bauch,
der Vollmond scheint herein.
Ich bin gestorben, fällt mir ein,
und meine Katze auch.

Vielleicht auch nicht, denk ich, vielleicht –
und durch die offne Türe schleicht
herein ein Wolf.

Der Wolf mit seinem schwarzen Fell
und Augen, rot wie Blut,
der keucht und ächzt und atmet schnell.
Das ist nicht gut.

Ich laufe um den Tisch herum,
so schnell ich kann, und schreie stumm.

Der schwarze Wolf rennt auch, weil er
mich fressen möchte, hinterher.

Die Augen glühen rot, so rot,
und bleib ich stehn, so bin ich tot.

Und wenn ich nicht mehr rennen kann,
dreh ich mich rum.
Sein schwarzes Maul geht auf, und dann
bringt er mich um.

Ich seh das Licht in seinem Bauch,
das Fenster und den Mond.
Diesmal hat mich der Tod verschont
und meine Katze auch.

Da ist der Tisch, der unserm gleicht,
und durch die offne Türe schleicht
herein ein Wolf.

Ich laufe um den Tisch herum.
Der Wolf läuft hinterdrein
Und nicht besonders schnell. Warum?

Ich weiß nicht, was ich machen soll,
denn wenn ich zu schnell renne, hol
ich ihn von hinten ein.

Ich warte, dass er mich verschlingt
mit seinem schwarzen Rachen,
wenn es ihm sowieso gelingt.
Da kann man gar nichts machen.

Ich warte auf die Stube, tief
in seinem Bauch,
in der ich um den Tisch rumlief
und meine Katze auch.

Ich hab den Traum schon oft geträumt
und immer Angst gehabt,
wenn er mit seinem Maul so schäumt
und um die Ecke trabt.

Und jedes Mal wenn er so guckt,
dann denke ich: O weh!
Doch hat er mich erst mal verschluckt,
dann geht's mir gut. Ich geh

in unsrer Stube auf und ab,
und wenn ich ihn gesehen hab,
dann setz ich mich in Trab.

Der Wolf schleicht müde hinterher,
es werden ihm die Füße schwer,
als wollt er mich nicht mehr.

XYZ

Das dicke Ende sind wir drei,
an uns kommt keiner nicht vorbei.
So ausgestorben, dass es kracht,
sind wir der Schreck der Mitternacht.

Erst Xenotarsosaurus, der
nimmt es mit X besonders schwer.
Dann Yandusaurus multidens,
der Zähnefletscherich, und wen's

nicht graust, dem will ich Beine machen.
Denn wer am Schluss noch kommt,
bin ich, der schrecklichste der Drachen:
Zizhongosaurus Dong.

Zugaben

Ruhe!

Die Sommernacht ist tief und leise.
Das Morgengrauen kommt um vier.
Der Brombär hört die erste Meise
und brummt: »Was für ein frühes Tier!«

Verschlafen steigt er aus dem Bett
und gähnt und setzt sich ans Klavier.
»Und jetzt sing noch mal im Duett
mit mir.«

Ach, keine Meise würde singen,
wenn der so in die Tasten haut.
Nach Musik will das gar nicht klingen,
bloß laut.

Der Himbär fällt die Treppe runter:
»Brombär, was soll der Krach so früh?«
»Ich hab nicht angefangen«, brummt der:
»Nein, sie.«

Der Heidelbär in seinem Zimmer
wimmert: »Nachtschlafenes Getue!
Ihr seid gemein. Ihr weckt mich immer.
Ru-he!«

Hexengedicht

Ich bin die Hexe Dannundwann,
die mehr als Hokuspokus kann.

Ich weiß ein Märchen, das nicht endet,
und ein Geheimnis, das sich wendet,
die Frage, die man niemals fragt,
die Antwort, die dir keiner sagt.
Ich weiß ein Rätsel, das nicht geht,
die Sprache, die kein Mensch versteht,
ein Lied, das man nicht singen kann,
und eine Zahl mit Nullen dran.

Ich bin die Hexe Hinundher,
und kreuz und quer fällt mir nicht schwer.

Am liebsten hex ich Ich und Du.
Jetzt knöpf ich meinen Schlafsack zu,
und wenn ihr denkt, ich bin am Schlafen,
bin ich schon unterwegs zum Hafen.
Ich fahr mit dieser Eisenbahn,
mit diesem halb versunknen Kahn,
mit einem Fahrrad, das sich biegt,
mit einem Flugzeug, das nicht fliegt,
mit einem Roller, der sich windet,
mit einer U-Bahn, die verschwindet,
mit einer Straßenbahn, die kracht,
mit einem Rollschuh, der nicht lacht,
mit einem Rennwagen, der springt,
und einem Motorrad, das singt,
mit einer Raumkapsel, die bellt
und endlich auseinanderfällt.

Und wer nicht glaubt, dass ich das kann,
der fängt noch mal von vorne an.

Ich bin die Hexe Weitundbreit,
ich bin allein, ich bin zu zweit.

Nachts reite ich auf einem Besen,
bin schon in Mexiko gewesen.
Ich kenne Hexen, laut und leise,
von mancher wilden Hexenreise
in eine längst verlassne Stadt
und in ein Land, das Drachen hat,
auf einen Berg, der sich noch dreht,
und in ein Meer, das trocken steht.

Ich bin die Hexe Aufundab,
und Tag für Tag bin ich auf Trab.

Pass auf, dass ich dich nicht erschrecke,
nachts bieg ich plötzlich um die Ecke
mit einem halb ertrunknen Kahn,
mit meiner Stolpereisenbahn,
mit einem Fahrrad, das nicht lacht,
mit einem Motorrad, das kracht,
mit einem Roller, der sich biegt,
mit einem Rollschuh, der nicht fliegt,
mit einer U-Bahn, die sich windet,
mit einem Flugzeug, das verschwindet,
mit einem Rennwagen, der springt,
und einer Raumkapsel, die singt,
mit einer Straßenbahn, die bellt
und endlich auseinanderfällt.

Und wer nicht glaubt, dass ich das kann,
der fängt noch mal von vorne an.

Ich bin die Hexe Ausundein,
ich bin zu zweit, ich bin allein.

Ich bin ein ganzer Hexenhaufen,
und was ich will, kann ich mir kaufen.
Ich kaufe eine Uhr, die singt,
ein Pferd, das mich zur Schule bringt,
dann einen Colt, der richtig zielt,
und einen Franz, der Fußball spielt,
den Spielzeugfrosch, der rechnen kann,
und einen Baum mit Ästen dran.
Und eine Pommfrittiermaschine,
damit ich Taschengeld verdiene.
Ich bin zu zweit, ich bin zu hundert
und hexe, dass sich alles wundert.
Ich hexe schon am frühen Morgen,
und meine Schwester macht sich Sorgen.
Ich hexe, wenn es Abend wird
und um mein Bett die Mücke schwirrt.

Am Schluss mach ich mein Meisterstück
und hex den ganzen Tag zurück.

Ich bin die Hexe Ganzundgar,
bin unsichtbar, mit Haut und Haar.

Wenn euch mein wildes Hexen stört,
dann hex ich, dass mich niemand hört,
und hexe weiter hier und dort
und krumm und grad in einem fort
und kurz und lang, davor, dahinter
und Gut und Böse, Sommer, Winter,
drinnen und draußen und unten und oben,
hab schon die ganze Welt verschoben.

Ein Frosch

Ein Frosch ging langsam durch den Wald,
er war nicht groß, das sah man bald.
Und wenn's kein Frosch gewesen ist,
dann war's ein Fuchs, der Frösche frisst.

Der Fuchs ging langsam durch den Wald,
er war noch klein, das sah man bald.
Und wenn das Tier nicht Rotfuchs heißt,
die Schlange war's, die Füchse beißt.

Die Schlange ging dann durch den Wald,
sie war nicht dick, das sah man bald.
Und wenn sie's nicht gewesen ist,
so war's ein Kauz, der Schlangen frisst.

Der Kauz ging langsam durch den Wald,
der war nicht satt, das sah man bald.
Wenn er auch viel gefressen hat,
so ist er doch noch längst nicht satt.

Das Sonntagshuhn

Meine Großmutter hatte Hühner,
sie liefen treppab und treppauf,
und Großvater als ihr Diener
schloss morgens die Türen auf.

Nachts schliefen sie auf den Stangen,
dann schloss er sie wieder ein.
Nicht die Hühner waren gefangen,
der Fuchs konnte nicht herein.

Hühner, wenn sie nur wollen,
verstehen jedes Wort,
das sie nicht verstehen sollen,
sofort.

Weiß sind sie und gurren leise.
Eins von ihnen ist braun.
Es hat seine eigene Weise,
gedankenvoll zu schaun.

Eines Abends, die andern schliefen,
winkte es mich herbei
und fragte mit seinem tiefen
Blick, was ein Sonntag sei.

Schlussakkord

Zwei Mäuse

Wir haben zwei Mäuse, Schwestern,
mit zierlichem Ohr und Schwanz,
und bewunderten bis gestern
den melancholischen Glanz

der schwarzen Augensterne.
Man sah auf den ersten Blick,
sie hatten einander gerne
vom Zahn bis zum Lendenstück.

Sie wuchsen täglich geschwinder,
die Hirse schlug ihnen gut an,
die eine bekam sechs Kinder,
und die andere war ein Mann.

Hanna Johansen wurde 1939 in Bremen geboren. Seit 1972 lebt sie in Kilchberg bei Zürich. Zunächst übersetzte sie Bücher aus dem Amerikanischen. 1978 erschien ihr erster Roman, viele weitere Bücher folgten. Heute zählt sie zu den namhaftesten Autorinnen und Autoren aus der Schweiz. Ihr erstes Kinderbuch erschien 1983. Auch diesem folgten weitere und wurden in 20 Sprachen übersetzt. Ihre Gedichte erschienen bisher nur in Anthologien und Jahrbüchern. Mit dem Band »Alphabet der Träume« liegen diese verstreuten Gedichte nun endlich gesammelt vor. Hanna Johansen zählt zu den bedeutendsten Dichterinnen für Kinder, weil sie in ihren Gedichten auf ungewohnte Weise kleine witzig pointierte Geschichten in gruselig-balladesker Form erzählt. Sie wurde unter anderem geehrt mit dem Schweizer Jugendbuch- und dem Österreichischen Kinderbuchpreis, dem Phantastikpreis der Stadt Wetzlar, dem Solothurner und dem Zürcher Kunstpreis.

Rotraut Susanne Berner wurde 1948 in Stuttgart geboren und lebt seit 2003 als international renommierte Illustratorin in München. Sie hat rund 800 Buchumschläge geschaffen und unzählige Bücher gestaltet – von den berühmten »Karlchen«-Bänden und »Wimmelbüchern« bis zu verschiedenen Bänden in der 1991 von Armin Abmeier und ihr selbst entwickelten Reihe »Die tollen Hefte«. Für ihre vielseitigen Arbeiten wurde sie mit zahlreichen Auszeichnungen geehrt: u. a. mit dem Sonderpreis des Deutschen Jugendliteraturpreises für ihr Gesamtwerk (2006), dem Hans-Christian-Andersen-Preis und dem Großen Preis der Deutschen Akademie für Kinder- und Jugendliteratur in Volkach (beide 2016).

Uwe-Michael Gutzschhahn wurde 1952 im Rheinland geboren, wuchs in Dortmund auf und war 20 Jahre in Kinderbuchverlagen als Lektor und Programmmacher tätig. Seit 2001 ist er freier Übersetzer, Autor und Herausgeber. Er lebt in München und wurde für seine literarische Arbeit zuletzt 2018 mit dem Sonderpreis des Deutschen Jugendliteraturpreises und dem Großen Preis der Deutschen Akademie für Kinder- und Jugendliteratur in Volkach ausgezeichnet.

Inhalt

Vorspiel
Düster ist es 7

Alphabet der Träume
Alpträume 11 | Ein Brillenbär 12
Cebra 14 | Du 16 | Mein Eisbär 17
Faultiere 20 | Gespenster 22
Hasenträume 24 | Iguanodon 27
Jaguar 28 | Ein Krokodil 31
Vom Löwen, der mich nicht fressen wollte 32 |
Der Mäusetraum 35 | Nessie 36
Oktopus 38 | Der Pottwal 40
Quaaak, quaaak! 42 | Mein Rabe 44
Stubenfliege 46 | Tapire 48
Die Unke 50 | Das Vierhornschaf 52
Ein Wolf 54 | XYZ 59

Zugaben
Ruhe! 63 | Hexengedicht 64
Ein Frosch 69 | Das Sonntagshuhn 70

Schlussakkord
Zwei Mäuse 73